Dedicated to April and Tori.

S T E M

Science

Technology

Engineering

Mathematics

My Profile Page

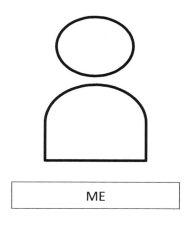

ME

About me

_____

_____

_____

_____

_____

My favorite color is: _____

My favorite song is: _____

My favorite game is: _____

My good friend is: _____

My favorite cartoon is: _____

My favorite season is: _____

My favorite movie is: _____

My favorite subject is: _____

My favorite book is: _____

My favorite scientist is: _____

My best talent is: _____

There is only one me.

I am an individual.

I am...

O
I

I N D I V I D U A L

N
L

Q

S E A

Periodic Table

```
S I L V E R Q T E D O I B G N H X S Y V
F D R Q F L U O R I N E X C S Y Q J S O
M T Y H N I T R O G E N W P T D X H Z O
C M N N O O R U A A I A O B N R W M D X
H H R Z M D G K K Y Z J S L F O M H B Y
L T U C L I X F X L N E G A R G Q E C G
O J D C E N Q N S E D W F A Q E D L C E
R M B V L E K P O Y M P N G X N Z I Z N
I E P F L A S T M X F C H T P Z D U V X
N S E Y C R O I A K Y X B G U I U M X P
E S K T Z G Q T G C Y U K O P N J Z A V
X Q X M Y O U A N A V S L L G C J H L K
W K Y H Z N D N E L M S Y D H P I C U Q
H I R O N P P I S C E U I B X V D A M U
Z J S U C M G U I R R S W B H N R I T
W S V T X L B M U U C K O G O U W B N J
P O T A S S I U M M U Q D A F A H O U U
U W G M N F I C P N R I I F B G B N M P
T K V P B K W T A V Y J U T D T C K D W
L Z F P F M M Z Y Y L O M J R Q N H U K
```

Find words:

HYDROGEN   FLUORINE   ARGON   ZINC
HELIUM   SODIUM   POTASSIUM   SILVER
CARBON   MAGNESIUM   CALCIUM   IODINE
NITROGEN   ALUMINUM   TITANIUM   GOLD
OXYGEN   CHLORINE   IRON   MERCURY

✦ WORD SCRAMBLE ✦

1. marde _____

2. ogal _____

3. soivni _____

4. sopruep _____

5. oarptiiasn _____

6. isnsiom _____

Word List

✦ aspiration   ✦ dream   ✦ goal

✦ mission   ✦ vision   ✦ purpose

LET'S DRAW

Use the grid as a guide to help you draw the picture.

Use the following words in a short story:

Goals	Team	Dream
Strong	Smart	Help
Inspire	Help	World

MAZE TIME

A Bright Future

Yes I can.

I want to create
_____
_____

I want to travel to
_____
_____

I want to discover
_____
_____

I want to explore
_____
_____

I want to have an expertise in
_____
_____

I want to teach
_____
_____

I want to meet
_____
_____

I want to give
_____
_____

Best Prepared!

Earth Science

```
C L I M A T E Q U A T O R M E N D U O T
L L X K Z S H T I W Q D W G F B H R O I
A P L X P M O O R Z C B S H B W L S Z D
W Q B F N O Y U Z X A Z T G A R O S O E
O Z T U F G I X A J C P O G C D H I N S
R C O A W E A S S H I V A B W A A R E H
Y M M Y E L T H S K D C L N U G R A T U
T A I K F G M V P D R P T E R W E D H M
Y G N M V K O G S K A J I W J S W I Y I
U N E J Y H S Q S P I I T A T A X A D D
M E R R H G P T F C N X U A V N Q T R I
S T A J P N H T Y J A Z D W D D L I O T
R I L Q K J E T F Q D I E A M S A O S Y
O S T A O D R H C L N T E V P F T N P N
C M C F U V E L I D J L M E M P I D H M
K G E O S P H E R E B R L B Y J T I E I
S B D Y E A C Z Y R X S F A O T U G R L
M C D Z K S B D Q M I K P C U H D Z E P
Q Q R M E T E O R O L O G I S T E I N Z
A U X R E G U V U L O N G I T U D E O F
```

Find words:

METEOROLOGIST	ATMOSPHERE	MAGNETISM	GEOSPHERE
LONGITUDE	OZONE	HUMIDITY	HYDROSPHERE
LATITUDE	RADIATION	ALTITUDE	TIDES
MINERAL	SMOG	WAVE	ROCKS
CLIMATE	ACID RAIN	EQUATOR	SAND

Missing Letters: Math

C_mp__s

R_l_r

_a_c__a_or

_c_l_

BE CREATIVE

How many words can you make using the letters in

My Dana Clark Colors Spirit

_____   _____

_____   _____

_____   _____

_____   _____

_____   _____

_____   _____

_____   _____

_____   _____

 # WORD SCRAMBLE

1. nqiueu   _____

2. cplesia   _____

3. dlaiunidiv   _____

4. ldeare   _____

5. docnfetni   _____

6. xroplree   _____

Word List

⭐ leader   ⭐ unique   ⭐ special

⭐ individual   ⭐ confident   ⭐ explorer

$pend $ave $hare

DanaClarkColors.com would like for you to think about money that you want to use for purchase now, for the future, and money that you would like to give to charity (tithing or a friend in need).

Spend: I will spend some of my money on

_____

_____

_____

_____

_____

_____

Save: I will save some of my money for

_____

_____

_____

_____

_____

_____

Share: I will share some of my money with

_____

_____

_____

_____

_____

My Life

```
F V H I   P I   H S N R E T N I F F   R H T T
Y Q E E   P O H X P H U X V Q P V   B Z H W
R D I S T Y G Y X Q O G I N S P I   R E N
U U K K C W S H Z P V V E V R I Z   L G L
E D E D R A W E R D L Y D L M G P   M D T
N L U W I H X N P I U I E E P S L   Q V I
E C C T Y T U R L H F U V A V Z A   S W S
R O U J R H S C H A E T S R L W D   B U S
P L N Y M B L R C P P N D N K B W   N N E
E L L J K M B F U P O E X I C J   M O I N
R A Q V A A J U N Y H D C N I I   O I B T
T B N Y A K A T E B S I A G T Q   T T Y A
N O R H L C N U N E G F E Y S D   I A E E
E R I T G G B R C L V N T E I E   V C R R
O A S I I S M E O I G O X H M R   A U O G
G T I A M C F X U E P C A L I A   T D A D
A I N F E H N P R V X V O N T P   E E T H
P O G V Z R L W A E N C B R P E   I E O N
C N D X Z F A W G F I M G D O R   Z W I Q
Y R L W O P J O E X N Q J I C P   H S K T
```

Find words:

REWARDED	RISING	PREPARED	OPTIMISTIC	HAPPY
FUTURE	HOPEFUL	GREATNESS	COLLABORATION	LEARNING
FAITH	BELIEVE	HOPE	INSPIRE	MOTIVATE
ENCOURAGE	CONFIDENT	INTERNSHIP	EDUCATION	ENTREPRENEUR

Science Project List

DanaClarkColors.com understands that you must test methods to draw conclusions. Make a list of what you need for your science project.

☐
_____

☐
_____

☐
_____

☐
_____

☐
_____

☐
_____

☐
_____

☐
_____

☐
_____

☐
_____

☐
_____

☐
_____

☐
_____

☐
_____

☐
_____

☐
_____

Science Fair in 10 days. Remember the trifold board.

I am SMART.

I am CURIOUS.

I am CONFIDENT.

I LOVE ME.

I KNOW WHO I AM

What do you do when you feel:

Happy _____

Sad _____

Strong _____

Afraid _____

Brave _____

Angry _____

Grateful _____

Jealous _____

Peaceful _____

LET'S DRAW

Use the grid as a guide to help you draw the picture.

E N E R G Y

```
S T H Q N K F D V D E R E N E W A B L E
O M T Y L N D F G L J B U H M T K X I E
L H E A T I B R H R I Q H F O R C E R L
A V P H Y V Z D U U H Y F X F O U G A E
R M K E O F T V K M M S W A V E C Q D M
D D M V O U C I W E H X F Z U P V N I E
O E D D Y J L V U B Z Z H T R U Q J A N
K N G E G R W I K Y M A S S Y K K L T T
F E V U B W P J T G O W D U A L Z O I M
I R O S T H E R M A L N M R R F V L O E
S G Q J H S G D W X K C I R J M U F N T
F Y K Z U Z K I N E T I C M Z X G R R W
Z W F U S I H T O F A L H R Z G A E G T
M E C H A N I C A L A V X O I M D Q C G
E F O K Q S C C H E M I C A L C E U R U
M O L E C U L E Q F H K I I P R T E F N
S W I V S G C Q X C E W E I G H T N D V
U D X E M G R A V I T Y L M H G O C L M
E Y T E M P E R A T U R E N E R G Y F D
D K K T P H X S S A T O M P B G O Q P V
```

Find Words:

ATOM	TEMPERATURE	WEIGHT	MOLECULE	MASS
ELEMENT	ENERGY	WAVE	FORCE	FREQUENCY
THERMAL	KINETIC	CHEMICAL	RENEWABLE	MECHANICAL
HEAT	ENERGY	RADIATION	GRAVITY	SOLAR

Missing Letters: Engineering

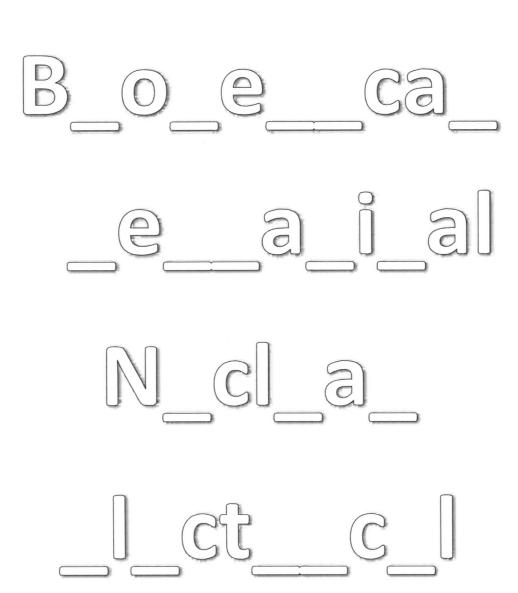

B_o_e__ca_

_e___a_i_al

N_cl_a_

_l_ct__c_l

Biomedical, Mechanical, Nuclear, Electrical

WORD SCRAMBLE

1. iingame _____

2. oogruecusa _____

3. eoelrxp _____

4. roiscevd _____

5. ecaret _____

6. npsirei _____

Word List

 imagine   explore   inspire

 courageous   create   discover

Cyber Safety

Before you post online, THINK. Write what you think about your post.

T	Is it True?
H	Is it Hurtful?
I	Is it Illegal?
N	Is it Necessary?
K	Is it Kind?

FLASH CARDS!!!

A closed figure made of line segments each of which intersects with exactly two other line segments.	4-sided polygon
A quadrilateral having all sides equal in length and forming right angles.	A 3-sided polygon (sum of internal angles = 180°)
A 4-sided polygon with all right angles.	4-sided polygon with two pairs of parallel sides.
5-sided polygon	6-sided polygon
7-sided polygon	8-sided polygon
9-sided polygon	10-sided polygon

Shapes

FLASH CARDS!!!

✂

Quadrilateral	Polygon
Triangle	Square
Parallelogram	Rectangle
Hexagon	Pentagon
Octagon	Heptagon
Decagon	Nonagon

Shapes

MAZE TIME

LET'S DRAW

Use the grid as a guide to help you draw the picture.

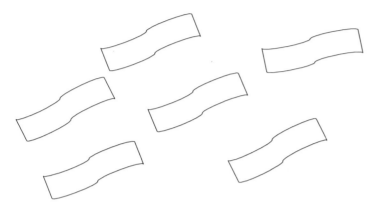

I HAVE

```
G V D M R M I H C V S W E L E J G Y P S
G N V Q Z M T S L O E H O H X M C D V J
R D M V W C Z D X A P V Z P U G N Q N V
E T I A P O J Y T B G W P J H C Y Z Y F
S I N L B N R U O F I H U Z I N B L V T
P I T O S F V C W A F D I M R N X D I A
E V E R C I W J F P T R D N U J F I S L
C A L K Q D C W C W S G J V I S U P I E
T L L Q R E I M A G I N A T I O N R O N
Z U I A Y N B K N P V E H S I I C I N T
G E G Y E C W V N Y U O H P V L R N I L
I S E T I E M J A K Q G O S M O V C O J
N H N K K Z J I M I M A G I N A T I O N
T E C M M L G U Q S H O N O R B B P R C
E A E H O P E N A G H A J G I Z I L F Z
G R K W H N K N D I G N I T Y M N E F D
R T C O M P A S S I O N A J W M H S B D
I E X J K W B K A D W M N I C Y E L W G
T W I S D O M I I M M G G R H R E U V A
Y C O U R A G E L L B S D R E A M S L S
```

Find Words:

DIGNITY	INTEGRITY	HONOR	HEART	IMAGINATION
COMPASSION	CONFIDENCE	RESPECT	COURAGE	WISDOM
INTELLIGENCE	GIFTS	VISION	TALENT	IMAGINATION
HOPE	PRINCIPLES	VALUES	DREAMS	VALOR.

What are you
thinking?

DECODING

REVEAL THE CODE BY USING THE DECODER KEY.

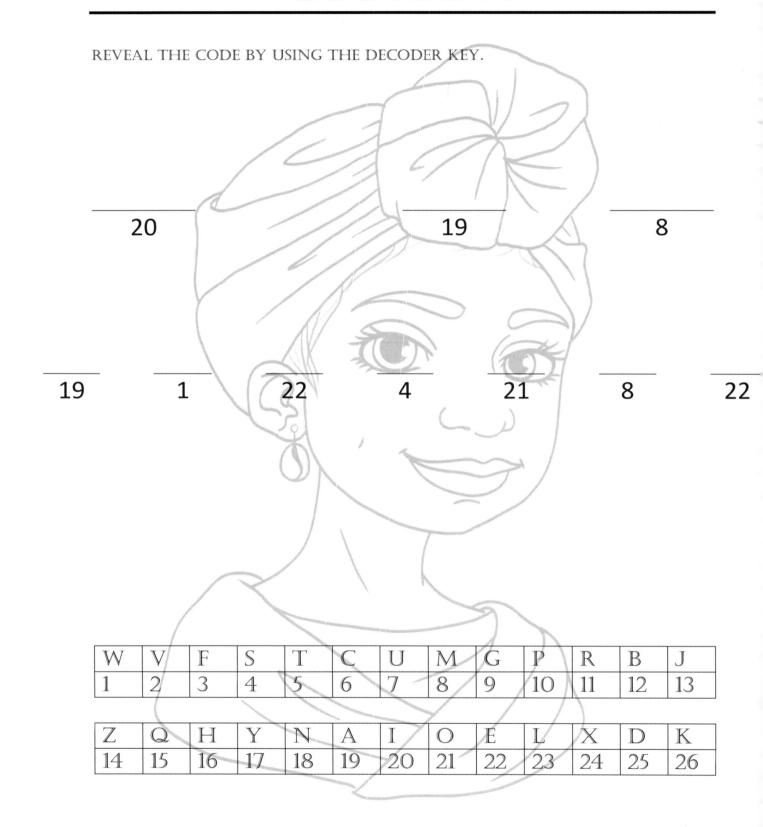

20	19	8

19	1	22	4	21	8	22

W	V	F	S	T	C	U	M	G	P	R	B	J
1	2	3	4	5	6	7	8	9	10	11	12	13

Z	Q	H	Y	N	A	I	O	E	L	X	D	K
14	15	16	17	18	19	20	21	22	23	24	25	26

I am Awesome

Missing Letters:
I am
_____

S_ar_
‗ ‗

_t_o_g
‗ ‗ ‗

C_n_d_n_
‗ ‗ ‗ ‗ ‗

B_au__fu_
‗ ‗ ‗ ‗ ‗

Social Media

```
F R I E N D S B A T O X T G D Z U P Q K
C O M M E N T W R Z H M W O U H S I P V
V X F N C S Y W N Z E B P T N A E A O F
A Z A O E L I K E D I T U I F S R W V A
S K L F H G K Y G D T V B T O H N C O V
F N D P F Q V J H R A F L W L T A H N O
Z F K R C M I H O J Z V I N L A M A L R
P K V O D X S K M P T O C I O G E T I I
H T R F S D V F E A F C A Q W Y L C N T
X O R I O G D D P S J T X V I X K B E E
F O L L O W H G A S P F R L D K F X G S
F C K E S B A R G W R U O A Y C T E T U
E O P G J M F A E O O Q A E Q L X P E F
E W Y U W Z K R I R F B E P T I G F G H
D P X K I F B O V D I V H I Z N B A O R
U F H K M I R M Y L L U G P G K Q S Z T
B V H U L N W P Q I E J N F Q I T H N C
N L H I Z G X K Z M F A A P O S T A Y G
T V B S T L S L B T Q A T Z V E R R A N
B O A R D R P T S N A V V A F F Z E S K
```

Find Words:

CHAT	HASHTAG	HOMEPAGE	ONLINE	PROFILE
BOARD	LINK	PASSWORD	USERNAME	FOLLOW
FAVORITES	FEED	PROFILE	UNFOLLOW	POST
LIKE	COMMENT	SHARE	PUBLIC	FRIENDS

WORD SCRAMBLE

1. odfniecnt   _____

2. seenicc   _____

3. oeclngothy   _____

4. igneeennigr   _____

5. amht   _____

6. aidceml   _____

Word List

❖ medical   ❖ engineering   ❖ confident

❖ math   ❖ science   ❖ technology

DECODING

REVEAL THE CODE BY USING THE DECODER KEY.

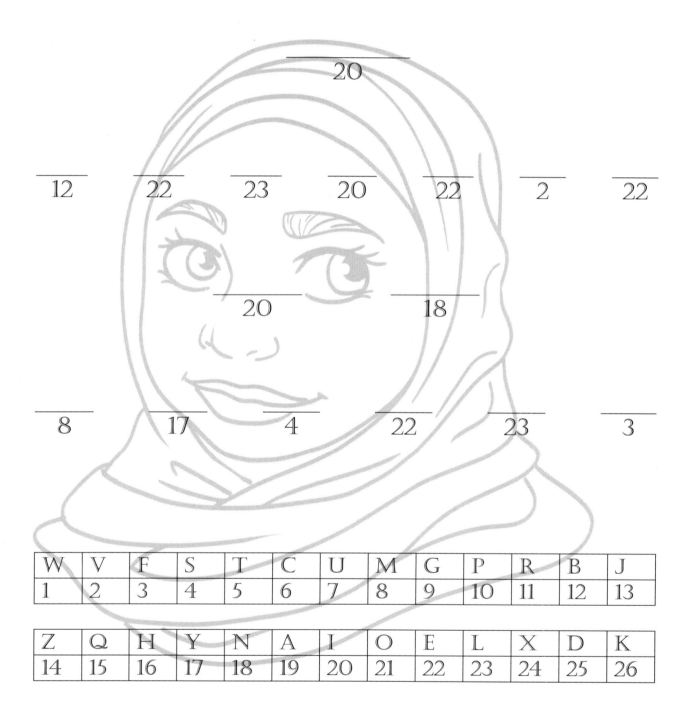

20

12 22 23 20 22 2 22

20 18

8 17 4 22 23 3

W	V	F	S	T	C	U	M	G	P	R	B	J
1	2	3	4	5	6	7	8	9	10	11	12	13

Z	Q	H	Y	N	A	I	O	E	L	X	D	K
14	15	16	17	18	19	20	21	22	23	24	25	26

I believe in myself

DRAW YOUR ROBOT

What can your robot do?

_____

What is the name of your robot?

_____

How will your robot help humanity?

_____

_____

_____

SCIENTIFIC METHOD

Purpose/ Question	**Ask a question based on observation. Research and Observe. Ask and look around.**
Hypothesis	**Make a prediction based on an idea that you can test. Make a careful guess.**
Experiment	**Test the Hypothesis.**
Data	**Observe what happens. Gather information that can give an explanation. Accurately measure and record.**
Conclusion	**Review the data and see if your hypothesis was correct. What did you find or discover?**
Share Results	**Share your information.**

Space Science

```
V E Z N N O W N C W K B E Z T T S C L K
P E A R T H N E O N X O B V E Q T X P S
L C Y D O S M N N U J S Y E L Y S K B P
A E C L I P S E S I F Q Q Q E V A O P U
N B V C A C V R T W X F U F S C T L L J
E P Z F U I I G E G J I T L C O E J A K
T H Y C M G L Y L F P S Z Z O M L B N O
S V Z C M J C R L G I L N C P E L M E S
L O R B I T U Z A A F D C G E T I G T J
J R D Q A T Y P T L F B K U C S T W S T
L T Z Z Y A R D I A Y D R M B J E G E L
O J S J R G V A O X Y H S E N I U O R O
K X V V A E V W N I A H V T K M N E Z I
J P L C Z L O U I E C P Y E S O S B J W
Q G R A V I T Y T S X U V O Y O O B O L
B I G D I P P E R C J R F R Z N L J V D
A S T E R O I D M I T E A B U Q A L V V
S O L A R S Y S T E M F Y A L X R U W I
S T A R S W O T O O O F I H Y G S U N R
D C I G R X W Q A Y B H K Z U Z W M S G
```

Find Words:

ENERGY	EARTH	GALAXIES	PLANETS	GRAVITY
MOON	SOLAR	STARS	BIGDIPPER	COMETS
TELESCOPE	ORBIT	CONSTELLATION	ASTEROID	SOLARSYSTEM
ECLIPSE	PLANET	SATELLITE	METEOR	SUN

DanaClarkColors.com
Short Story

Use the following words in a short story:

Science   Hypothesis   Computer
Energy   Problem   Friends
Atom   Data   Hope

WORD SCRAMBLE

1. umitanti _____

2. revisl _____

3. cinkel _____

4. namultip _____

5. coeppr _____

6. godl _____

Word List

❖ silver   ❖ nickel   ❖ copper

❖ platinum   ❖ titanium   ❖ gold

Missing Letters: Technology

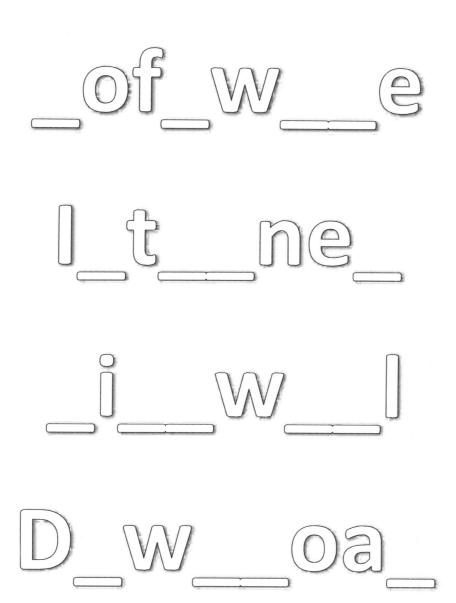

_of_w__e

l_t__ne_

_i__w__l

D_w__oa_

MAZE TIME

DECODING

REVEAL THE CODE BY USING THE DECODER KEY.

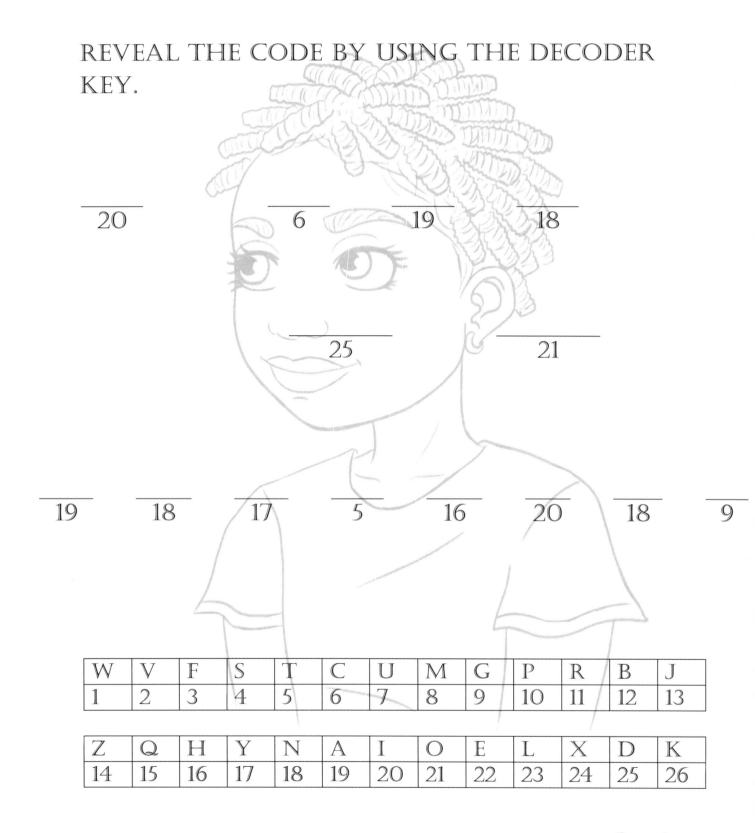

W	V	F	S	T	C	U	M	G	P	R	B	J
1	2	3	4	5	6	7	8	9	10	11	12	13

Z	Q	H	Y	N	A	I	O	E	L	X	D	K
14	15	16	17	18	19	20	21	22	23	24	25	26

can be anything

I AM

```
G M Z V Q V V P C C F J Z D E T Z X P Q
F B S P L E N D I D F S H E N X X X N L Q
V A H M R C X O W X M T D Q P R E T T Y
I B H N N Z F Q Q V F U T S N C O B Y C
A O K K T O U P A X F P X Y E L L R Z S
W B M C W P T L W S L E F R B V L Q Z P
E Y M Z Z H A X H E H N F F E M Z X V E
S E S E E X T R A O R D I N A R Y K U C
O A M A Z I N G P O P O H G U G Q S L T
M U K R Q T F P P K E U I W T L O V E A
E C F Z H Q M S Y P O S I T I V E R H C
A K Z V Z I W C O N S U O L F Y P E Q U
H O K N A U Y Q P G Y U V L U L P M A L
B R Z Y L O V E L Y L F F E L W D A T A
S T F U U A I E L Z D F W U C O W R U R
A I M X X U G O R G E O U S W R F K R S
W O N D E R F U L S T R O N G T L A Z C
M A G N I F I C E N T F L G T H L B M P
C O N F I D E N T P W J J N M Y T L D G
C E B G U P L N H J K I N D C K U E L P
```

Find Words:

BEAUTIFUL	LOVELY	GORGEOUS	PRETTY	CONFIDENT
AWESOME	LOVE	POSITIVE	WORTHY	SPECTACULAR
AMAZING	WONDERFUL	MAGNIFICENT	STUPENDOUS	KIND
HAPPY	SPLENDID	REMARKABLE	EXTRAORDINARY	STRONG

BOOK SHELF

Name the books you plan to read this year.

FLASH CARDS!!!

✄

H 1	**He** 2
C 6	**N** 7
O 8	**Na** 11
K 19	**Ca** 20
Pt 78	**Au** 79
Hg 80	**Pb** 82

Periodic Table

FLASH CARDS!!!

✂

Helium	Hydrogen
Nitrogen	Carbon
Sodium	Oxygen
Calcium	Potassium
Gold	Platinum
Lead	Mercury

Periodic Table

I KNOW WHO I AM

Write about your friends

Who are your friends?

_____

_____

Do your friends have the same values as you? What are your values?

_____

_____

How do your friends encourage you to be your best?

_____

_____

How do your friends tell you the truth?

_____

_____

Is your family acquainted with your friends?

_____

_____

How do your friends listen to you?

_____

_____

How do your friends make you feel valuable?

_____

_____

How do your friends make you feel good about yourself?

_____

_____

DECODING

REVEAL THE CODE BY USING THE DECODER KEY.

__I__ __H__ __A__ __V__ __E__
20   16   19   2   22

__A__
19

__B__ __E__ __A__ __U__ __T__ __I__ __F__ __U__ __L__
12 22 19 7 5 20 3 7 23

__I__ __M__ __A__ __G__ __I__ __N__ __A__ __T__ __I__ __O__ __N__
20 8 19 9 20 18 19 5 20 21 18

W	V	F	S	T	C	U	M	G	P	R	B	J
1	2	3	4	5	6	7	8	9	10	11	12	13

Z	Q	H	Y	N	A	I	O	E	L	X	D	K
14	15	16	17	18	19	20	21	22	23	24	25	26

have a beautiful imagination

Missing Letters:
I value
_____

_oll_b_ra___on

l__ov_ti__

l_a_i__tio_

_re_ti_it_

Everyone Makes Mistakes

It is important to:

1. <u>Acknowledge your mistake</u> 2. <u>Forgive yourself</u> and 3. <u>Rectify your mistake.</u>

Write about one of your mistakes, how you forgave yourself, and then how you rectified it.

☆ Word Scramble ☆

1. erueocgdan   _____

2. iltdpfue   _____

3. omatdietv   _____

4. tsimoctpii   _____

5. prdnisie   _____

6. vabre   _____

Word List

★ encouraged   ★ inspired   ★ optimistic

★ motivated   ★ uplifted   ★ brave

Missing Letters:
I am

_____

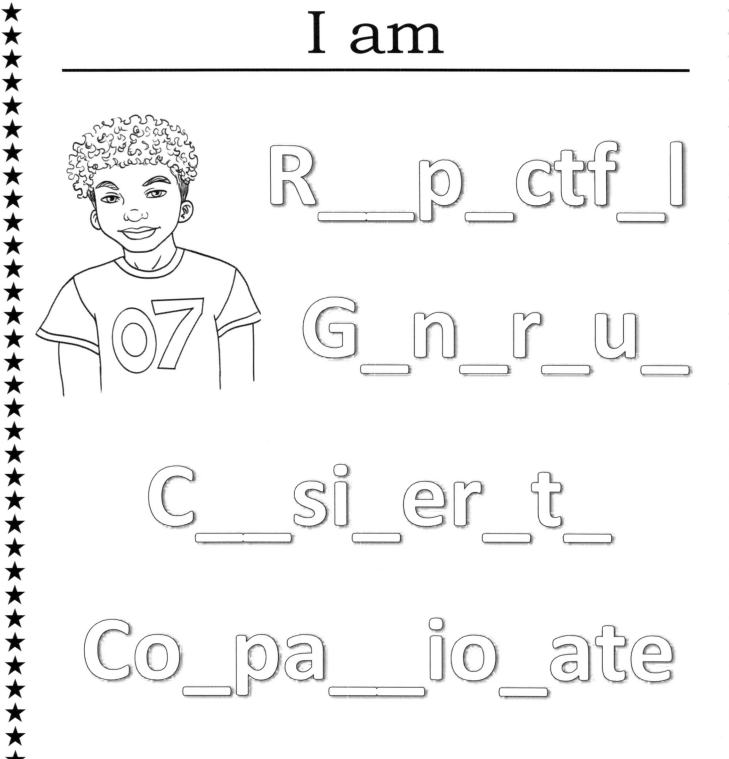

R__p_ctf_l

G_n_r_u_

C__si_er_t_

Co_pa__io_ate

LET'S DRAW

Use the grid as a guide to help you draw the picture.

DISCOVER A NEW STAR

Name your star.

_____

Medical

```
A D E I N Q G P L U X Z D W E K Z R N Z
L F Y M G X G G Z Q T S W C F W W M B U
C C W G R S N J K Z V P Q R E P P K K D
O Y O A H Q C C H E C K U P P M U F V D
H U U A J S W A B S F Q R O E E V Z F I
O P R E S C R I P T I O N S D D A D M A
L L F L Y P A T I E N T Y Y I I C W Z G
W D T R W D J J G Y A K D M A C C Y O N
I L F E Y R V Q G E O B Q P T I I E C O
P S Z Y J F E F D C U B U T R N N E B S
E W N F O R X N S H N P U O I E A Y J I
S Q S B X P D O C A Z K F M C F T H Y S
G Q C O B R O J A R Z Y K S I Z I Y V Q
D O C T O R A D L T Q H L V A W O I E F
Q N R O X R A Y E U T M E O N R N P P K
I N Y S C R U B S H E A R T N K S S D N
C U A C U G M I R D U V J G H Q T H D L
Y J X O T H E R M O M E T E R D G S P Y
J W Y P S T E T H O S C O P E L U S H X
N P R E S S U R E C U F F M N L J X G R
```

Find Words:

SCALE	THERMOMETER	PEDIATRICIAN	HEART
ALCOHOL WIPES	CHECK UP	X RAY	VACCINATIONS
SYMPTOMS	EYE CHART	PRESSURE CUFF	MEDICINE
OTOSCOPE	STETHOSCOPE	DIAGNOSIS	PRESCRIPTION
PATIENT	SCRUBS	DOCTOR	SWAB

DECODING

REVEAL THE CODE BY USING THE DECODER KEY.

___ 20

___ 23   ___ 20   ___ 4   ___ 5   ___ 22   ___ 18

___ 5   ___ 21   ___ 8   ___ 17

___ 16   ___ 22   ___ 19   ___ 11   ___ 5

W	V	F	S	T	C	U	M	G	P	R	B	J
1	2	3	4	5	6	7	8	9	10	11	12	13

Z	Q	H	Y	N	A	I	O	E	L	X	D	K
14	15	16	17	18	19	20	21	22	23	24	25	26

I listen to my heart

LET'S DRAW

Use the grid as a guide to help you draw the picture.

Missing Letters: Elements

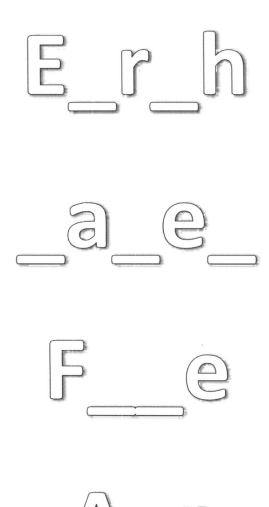

E_r_h
_a_e_
F__e
A_r

Engineering

```
N B V M U P E V D C F T Y S Q G G E D F
U O T A B M J O C I C M K B D E O R G H
C X M R L E G L P L B E F I W O B R E Y
L E J I F C B N J P O A V O E T O R O U
E C L N P H Z S F U F S G Q B E B Q T Z
A B I E L A U Q Y N W U I N O C I Z E G
R F W A Z N W P D R V R M N L H O J C B
R P F G I Z F J H A I H A X N M C H I
Q Y W R X C N C S V B N L A E I E H N O
P C R I J A C R I M N G E I S C D E I M
E O O C I L O Y D O I I F V V A I M C E
T M B U E L E C T R I C A L C L C I A C
R P O L P B A A E R O S P A C E A C L H
O U T T L Y T N J T J W P S L V L A S A
L T I U W A R C H I T E C T U R A L S N
E E C R E N G I N E E R I N G G C G H I
U R S A C I V I L A U T O M O T I V E C
M Z X L Z N J F O Z Z K K F J G D S R A
L W S I H Z S V L T U V Z I L P A R K L
E N V I R O N M E N T A L O E K I Z J Y
```

Find Words:

MEASURING	ARCHITECTURAL	CHEMICAL	AEROSPACE
CIVIL	MECHANICAL	ENVIRONMENTAL	GEOTECHNICAL
MARINE	GEOTECHNICAL	PETROLEUM	ENGINEERING
NUCLEAR	COMPUTER	ELECTRICAL	ROBOTICS
BIOMEDICAL	BIOMECHANICAL	AUTOMOTIVE	AGRICULTURAL

Gratitude is the best Attitude

DanaClarkColors.com would like for you to always keep THANK YOU cards.

THANK YOU

_____

_____

_____

_____

THANK YOU

_____

_____

_____

_____

THANK YOU

_____

_____

_____

_____

THANK YOU

_____

_____

_____

_____

DanaClarkColors.com

Short Story

Use the following words in a short story:

Love   Together   Hair
Sisters   Trust   Art
Beautiful   Music   Discover

Cyber Safety

1. I will be discrete and not give out personal information such as my address and phone number.
2. I will not give out my Internet password to anyone (even my best friends) My password is for only me and my parents.
3. I will be aware of my cyber surroundings and tell my parents right away if I come across any information that makes me feel uncomfortable.
4. I will trust in my values and not do anything that hurts other people or is against the law.
5. I will keep myself safe and never agree to meet in-person someone who I met online.
6. I will be respectful and go online when my parents say it's OK.
7. I will not respond to any online messages that are mean or make me feel uncomfortable. It is not my fault if I get a message like that. If I do I will tell my parents right away.
8. I will protect my family's devices and privacy by checking with my parents before downloading or installing software or apps.
9. I will talk with my parents so that we can set up rules for going online.
10. My parents and I will share with each other how to have fun and learn using the Internet and online tools.

I agree to the above

_____

Child sign here

I will help my child follow this agreement and will allow reasonable use of the Internet.

_____

Parent(s) sign here

Artists:

Shakira Rivers

Chaka Laker-Ojok

J. D. Wright

Public Relations:

Danielle Nelson

Editor:

Monet Rose Whitaker

Contributors:

Stephanie R. Spriggs

Billy D. Wright

Toni L. Wright

Victoria Spriggs

Creator:

J. D. Wright

Made in the USA
Middletown, DE
20 June 2023

33045757R00060